Seu Filho e a Astrologia
# AQUÁRIO

Maite Colom

# Seu Filho e a Astrologia
# AQUÁRIO

*Tradução*
Claudia Gerpe Duarte
Eduardo Gerpe Duarte

Editora
Pensamento
SÃO PAULO

Título original: *Tú y Tu Pequeño Acuario*.

Copyright © 2012 Atelier de Revistas/Maite Colom. www.ateliermujer.com.

Direitos de tradução mediante acordo com Zarana Agencia Literaria.

Copyright das ilustrações © Thinkstock.

Copyright da edição brasileira © 2016 Editora Pensamento-Cultrix Ltda.

Texto de acordo com as novas regras ortográficas da língua portuguesa.

1ª edição 2016.

Todos os direitos reservados. Nenhuma parte deste livro pode ser reproduzida ou usada de qualquer forma ou por qualquer meio, eletrônico ou mecânico, inclusive fotocópias, gravações ou sistema de armazenamento em banco de dados, sem permissão por escrito, exceto nos casos de trechos curtos citados em resenhas críticas ou artigos de revista.

A Editora Pensamento não se responsabiliza por eventuais mudanças ocorridas nos endereços convencionais ou eletrônicos citados neste livro.

**Editor:** Adilson Silva Ramachandra
**Editora de texto:** Denise de Carvalho Rocha
**Gerente editorial:** Roseli de S. Ferraz
**Preparação de originais:** Marta Almeida de Sá
**Produção editorial:** Indiara Faria Kayo
**Assistente de produção editorial:** Brenda Narciso
**Editoração eletrônica:** Join Bureau
**Revisão:** Vivian Miwa Matsushita

---

**Dados Internacionais de Catalogação na Publicação (CIP)**
**(Câmara Brasileira do Livro, SP, Brasil)**

---

Colom, Maite
Seu filho e a astrologia: aquário / Maite Colom; tradução Claudia Gerpe Duarte, Eduardo Gerpe Duarte. – São Paulo: Pensamento, 2016.

Título original: Tú y tu pequeño acuario.
ISBN 978-85-315-1933-8

1. Astrologia 2. Astrologia esotérica 3. Horóscopos 4. Zodíaco I. Título.

16-01436

CDD-133.52

**Índice para catálogo sistemático:**

1. Signos do Zodíaco: Astrologia     133.52

---

Direitos de tradução para o Brasil adquiridos com exclusividade pela
EDITORA PENSAMENTO-CULTRIX LTDA., que se reserva a propriedade literária desta tradução.
Rua Dr. Mário Vicente, 368 – 04270-000 – São Paulo – SP
Fone: (11) 2066-9000 – Fax: (11) 2066-9008
http://www.editorapensamento.com.br
E-mail: atendimento@editorapensamento.com.br
Foi feito o depósito legal.

# Sumário

| | |
|---|---|
| Como é o seu filho aquariano? | 7 |
| Conheça melhor o seu aquariano | 11 |
|     Seu caráter | 15 |
|     Sua aparência | 17 |
|     Ele gosta de andar na moda? | 17 |
|     Como ele é na sala de aula? | 18 |
|     O que ele gosta de comer? | 18 |
|     Esportes e *hobbies* | 19 |
|     Seu futuro profissional | 19 |
| Como você se relaciona com o seu filho aquariano | 21 |
|     Se você é de Áries | 22 |
|     Se você é de Touro | 24 |

Se você é de Gêmeos ............................ 26

Se você é de Câncer ........................... 28

Se você é de Leão ............................. 30

Se você é de Virgem ........................... 32

Se você é de Libra ............................. 34

Se você é de Escorpião ......................... 36

Se você é de Sagitário ......................... 38

Se você é de Capricórnio ....................... 40

Se você é de Aquário ........................... 42

Se você é de Peixes ............................ 44

## Como é o seu filho aquariano de acordo com o horóscopo chinês ........................ 47

Se o seu aquariano é de Rato ................... 49

Se o seu aquariano é de Boi .................... 53

Se o seu aquariano é de Tigre .................. 57

Se o seu aquariano é de Coelho ................. 61

Se o seu aquariano é de Dragão ................. 65

Se o seu aquariano é de Serpente ............... 69

Se o seu aquariano é de Cavalo ................. 73

Se o seu aquariano é de Cabra .................. 77

Se o seu aquariano é de Macaco ................. 81

Se o seu aquariano é de Galo ................... 85

Se o seu aquariano é de Cão .................... 89

Se o seu aquariano é de Javali ................. 93

Como é o seu
filho aquariano?

De um modo geral, é uma criança tranquila, agradável, que atrai muita atenção pelo seu magnetismo, pelo seu jeito calmo, risonho, mas de repente ela pode se tornar uma criança muito ativa, bastante inquieta, agitada e exigir toda a atenção e todos os cuidados do mundo. É difícil prever o seu comportamento. É preciso levar em conta que a criança de Aquário tem um sexto sentido muito apurado e pode absorver facilmente as vibrações negativas ao seu redor, e é isso que costuma romper a sua habitual tranquilidade e a sua harmonia.

O aquariano tem gostos e inclinações muito originais. É bastante afetuoso, sociável e criativo, e a sua grande inteligência lhe permitirá aprender tudo com rapidez. Ele adora ter momentos de paz, ficar sozinho e tranquilo quando pode se concentrar em suas fantasias. É aí que se revela o genuíno caráter individualista e independente de Aquário: parece que ele não precisa de você, mas isso dura pouquíssimo tempo.

Ele se sentirá atraído por jogos que desenvolvam seu talento e sua capacidade inventiva, mas costuma se distrair com facilidade e sempre irá em busca de "brinquedos" melhores com os quais possa se entreter.

Frequentemente, adquire uma fixação por algo (uma boneca, um filme...), mas isso pode durar pouco tempo. Ele tende a se rebelar contra certas ordens e regras, pode não tolerar bem que você o reprima, mas protestará da sua maneira, pacificamente, talvez até mesmo sem derramar uma lágrima.

Conheça melhor
o seu aquariano

Obstinado e independente, estudioso e reflexivo, tem ideias originais, é inquieto e intuitivo, muito amigável, embora bastante reservado. Ele dá muita importância à amizade e aos valores humanos e é bastante leal. Além disso, com a sua aguçada intuição, ele pressente a distância como é uma pessoa e percebe se ela pode ser sua amiga ou não, mas geralmente você o verá rodeado de amigos de todo tipo, às vezes bastante exóticos. Ele tem uma grande facilidade para fazer amigos e é muito fiel e leal a todos, mas se aflige com facilidade e precisa ficar sozinho durante algum tempo, motivo pelo qual você às vezes o encontrará solitário e apático.

Sua mente viaja à velocidade da luz, e enquanto alguns estão indo, ele já voltou três vezes. É um solucionador nato de problemas, e muitas vezes nem mesmo sabe como encontrar as soluções. Acima de tudo, é extremamente lógico. No entanto, se afasta com frequência do presente, divagando e sonhando com mundos melhores. Não tolera bem as regras e tampouco que lhe imponham algo de que não gosta.

Ele pode ter dificuldade em estabelecer prioridades e, às vezes, foge de suas obrigações. Tem uma grande capacidade de concentração; no meio de um concerto, por exemplo, ele poderia dormir ou fazer os deveres, se fosse o que desejasse, porque ele é, acima de tudo, obstinado e teimoso.

Costuma estar cercado de amigos, tem um ar distraído ou desligado e ideias muito fixas. Parece um anjo, porém costuma cometer diabruras. Ele escuta o que você diz, observa e sorri, mas não diz nada e nem revela as suas intenções. Ele se rebela contra as normas.

## Seu caráter

GOSTA: de se isolar com seu iPod e de que o deixem à vontade, de que não o aborreçam quando precisa estar sozinho; gosta que lhe peçam conselhos e que contem com ele; gosta também de rir muito e de fazer mil loucuras.

NÃO GOSTA: de falar por falar, de promessas falsas, de normas, da rotina, das cenas de ciúme e de falsidade.

ASPECTOS NEGATIVOS: rebeldia, tendência para a contradição e para nadar contra a corrente, frieza, distanciamento, egoísmo, caos, timidez, teimosia.

CONTRASTES: é amável e discreto, porém distante e insubordinável.

CORES: azul, violeta, cinza.

ANIMAIS COM OS QUAIS SE IDENTIFICA: gato, águia e animais mitológicos (Pégaso).

PEDRAS: safira, ametista, água-marinha.

PLANETA: Urânio, Saturno.

## Sua aparência

Cabelos rebeldes, ondulados ou cacheados, castanho-claros ou loiros. Olhos brilhantes e muito expressivos, às vezes sonhadores. Tez clara e fina. Rosto ovalado. Boca e queixo finos e atraentes. Corpo proporcional, de estatura mediana. Aspecto ágil. Formas harmoniosas e às vezes arredondadas. Gestos e movimentos originais. Reflexos muito rápidos.

## Ele gosta de andar na moda?

Depende do dia. O seu estilo pode ser muito ousado, extravagante, sempre com uma marca pessoal: cada aquariano usa alguma coisa que chama atenção. Gosta dos bazares e dos brechós. Por ser um signo fixo, ele não varia muito o estilo e, quando varia, é completamente imprevisível. As cores que mais o favorecem são os tons de azul, preto e violeta, com laranja ou alguma outra tonalidade chamativa.

## Como ele é na sala de aula?

Estudioso quando tem vontade, mas só se esforça por aquilo de que realmente gosta. É impossível exigir alguma coisa dele, e ele precisa fazer o que quer; caso contrário, nadará contra a corrente. Ele pode ficar distraído durante as aulas, mas é muito inteligente e só se dispersa quando se aborrece. Ele deveria fazer suas tarefas com os colegas, já que costuma deixá-las pela metade ou se esquece de fazê-las. Ele precisa ter professores criativos e que o motivem. Tem capacidade de concentração, mas pode pegar no sono durante a aula se não estiver interessado na matéria.

## O que ele gosta de comer?

O aquariano é exigente com a comida e precisa de tranquilidade no ambiente, embora coma rápido. Se alguma coisa não lhe apetece, ela pode inclusive lhe fazer mal. Ele costuma cheirar tudo, até mesmo a água. É um pouco escrupuloso com a comida e com aqueles que a "manipulam": ele faz uma cirurgia nos bifes e costuma deixar um pouquinho no prato. É um pouco maníaco e ritualista. Gosta de frango, de peixe à milanesa, de *tortilla*, de pizza, de frutas secas, tudo sem molho e acompanhado de batatas. É louco por petiscos, batatas fritas...

## Esportes e hobbies

Frequentemente ele prefere praticar algum esporte sozinho, para não ter de obedecer a normas e estilos. Não tolera que mandem nele e lhe imponham regras. Ele precisa de variedade para não se aborrecer. Gosta muito de novidades e, acima de tudo, dos aparelhos que o deixam em forma sem que mova um músculo. As suas modalidades esportivas favoritas podem ser: *jogging*, maratona, dança, caminhada, pilates, basquete, parapente, arco e flecha (e outras excentricidades), yoga, ginástica sueca... As suas atividades preferidas são sair com os amigos, bater papo *on-line*, ir ao cinema, astrologia, ficção científica, jogar *video game*, ler revistas em quadrinhos, música e desenho.

## Seu futuro profissional

As profissões mais adequadas para os aquarianos são as relacionadas à computação, ao jornalismo, à edição e produção literária, ao direito, às ciências, à astronomia ou história. Também se sairia bem como professor e assistente social ou psicólogo. Além disso, ele tem uma grande sensibilidade musical e de ritmo. Muitos aquarianos são engenheiros de sistemas, técnicos em eletrônica, eletricistas, aviadores, inventores, metafísicos, astrólogos, neurologistas, psiquiatras, radiologistas, traumatologistas, ortopedistas. Ele precisa de uma profissão na qual se sinta livre e que tenha um toque de originalidade.

# Como você se relaciona com o seu filho aquariano

## Se você é de Áries

Você é extremamente dinâmica, forte e resistente, generosa e, às vezes, hiperativa. Parece que exige muito do seu filho, não tem medo das queixas ou faniquitos dele e só deseja o melhor para ele. Você tem muita energia, nunca se cansa de repetir várias vezes as mesmas coisas. Defende intensamente o seu filho e sabe resolver com doses de realismo os pequenos problemas dele. Você tem grandes expectativas e, às vezes, é difícil de agradar. Você é uma mãe dedicada, disposta a tudo para que o seu filho se sinta bem. Porém, acima de tudo, você incentiva o seu filho a ser independente, a não precisar de ninguém.

Você o ensina naturalmente a ser autossuficiente, independente, batalhador e ao mesmo tempo responsável.

Você se dará muito bem com o seu filho aquariano, apesar das loucuras dele e do fato de ele parecer um tanto difícil de controlar e dominar. Você sabe dar a seu filho a independência e a criatividade de que ele necessita, mas é fundamental que você lhe imponha certa disciplina, porque a alma livre dele pode facilmente se lançar em busca de utopias. Ele adora explorar novos caminhos e, também, coisas estranhas, motivo pelo qual você deverá controlá-lo, porém sem que ele perceba.

### Combinação Fogo/Ar:

É uma relação de elementos muito compatível. A mãe do signo de Fogo sabe incentivar a criatividade do seu filho do elemento Ar e as doses de ação de que a mente inquieta dele tanto necessita. Você sabe lhe dar liberdade sem pressioná-lo em excesso e o enche de atividades que estimulam o espírito e a criatividade dele.

## Se você é de Touro

Você é disciplinada, cuidadosa e tranquila, econômica, e está sempre pensando no dia de amanhã. Nunca faltará nada na sua casa, nem para o seu filho nem para os amigos dele. Você talvez seja um pouco possessiva e excessivamente protetora com relação a ele, e é difícil fazê-la mudar de opinião. Você se importa muito com a educação do seu filho e pode pressioná-lo em excesso. Além disso, você é persistente, a sua paciência é infinita, à prova de bombas e chiliques. A sua casa precisa estar arrumada e o quarto do seu filho também, senão o seu mau humor se fará presente. Você defende os seus contra tudo e todos.

Você ensina naturalmente ao seu filho valores como a perseverança, a paciência, o amor pelos animais e pela natureza, e o ensina a valorizar as pequenas coisas da vida.

O aquariano é muito afetuoso, mas é imprevisível demais para uma mamãe taurina. Além disso, vocês dois são teimosos e querem ter sempre razão, o que causa breves aborrecimentos e atritos. Você deve dar a ele liberdade para que explore e siga os seus estranhos interesses, e verá que ele sempre a deixará boquiaberta. Ele não tolera imposições, de modo que você deverá usar todo o seu bom senso, porque a isso ele presta atenção.

### Combinação Terra/Ar:

A mãe do elemento Terra terá dificuldade em acompanhar o ritmo às vezes frenético do filho do elemento Ar, as suas mudanças de direção, ou de ideia, seus insistentes jogos de palavras... É um verdadeiro turbilhão para uma mãe amante da tranquilidade, mas ambos aprenderão muito um com o outro.

## Se você é de Gêmeos

Você é divertida, falante, inquieta e agitada. Você é sociável e gosta muito de ficar ao telefone e de falar sobre qualquer assunto com o seu filho, esteja ele onde estiver. Você gosta de rir e dará boas risadas com as brincadeiras do seu filho, e é provável que se junte a elas. Adora sair para fazer compras com o seu filho, e para ele você é uma mãe bastante *fashion*. Parece que você o deixa fazer tudo, mas você tem um código de ética muito rígido, de acordo com o qual há coisas que você não aceita com facilidade. Por sorte, o seu filho pode falar com você a respeito de tudo, a qualquer hora, o que alimenta a confiança entre vocês.

Você ensina naturalmente o seu filho a se comunicar, a saber se impor, a negociar, a compartilhar ideias e experiências com todo mundo sem julgar ninguém.

O seu filho é muito original, com um toque de genialidade, e você já terá notado que ele é fascinado por excentricidades. Isso não a surpreende nem um pouco, porque você se adapta a qualquer coisa e, sobretudo, compreende o seu filho, sabe dar a ele a liberdade que ele precisa e não lhe impõe normas e atitudes, somente grandes doses de bom senso, que serão muito úteis para que ele possa se concentrar. É fundamental que você fale com seu filho, porque, às vezes, ele tende a pensar demais.

### Combinação Ar/Ar:
É uma combinação muito compatível, uma aventura plena de conhecimento, risadas e experiências novas e constantes. No entanto, como ambos têm a tendência a ser dispersos e pensar em excesso, seria conveniente que pusessem "os pés na terra" para benefício da relação familiar.

## Se você é de Câncer

Você é a grande mãe do zodíaco. A família é a coisa mais importante para você. É um tanto possessiva e controladora, mas também muito dedicada ao seu filho e a toda a família. Você é como um porto seguro, sempre presente para o que o seu filho possa precisar. Talvez você seja um pouco rígida, impondo muita disciplina, e como, além disso, você tem uma memória prodigiosa, é difícil que deixe escapar as coisas ou que tentem bajulá-la. Mas você pode ter altos e baixos na sua disposição de ânimo, pode passar do bom humor ao mau humor em um piscar de olhos, o que talvez afete o seu filho ou faça com que ele não consiga compreendê-la inteiramente, conforme o signo dele.

Você ensina naturalmente o seu filho a ter sensibilidade, a desenvolver dons artísticos, a gostar de todo mundo da mesma maneira, a ter ambição e a conseguir o que quer sem pisar em ninguém.

Aquário, ao contrário de Câncer, não é um signo emocional demais nem apegado aos sentimentos. Se você aceitar essa condição, tudo correrá às mil maravilhas. O seu filho gosta de explorar o desconhecido, graças à grande curiosidade natural dele. E você, como é sensível e intuitiva, compreende a necessidade de liberdade dele e deixa que seu filho faça as coisas, mas sempre sob o seu controle, tentando fazer com que ele não perceba isso.

### Combinação Água/Ar:

A mãe do elemento Água terá dificuldade para aguentar por um longo tempo o caráter extremamente volúvel e a infinita curiosidade da criança do elemento Ar e poderá encher a casa de regras. Se a mãe do signo de Água aprender a fazer certas concessões, a criança do elemento Ar conseguirá se concentrar.

## Se você é de Leão

Você é carinhosa, tem paixão pelo seu filho e o cobre de cuidados e atenção. Porém você tem uma personalidade muito forte e é autoritária; espera muito do seu filho e pode ser um pouco opressiva com ele. É exigente e controladora, não deixa passar nada, mas às vezes é muito afetuosa e o defende com unhas e dentes. Você impõe muita ordem e disciplina, mas é generosa. É criativa e certamente tem um *hobby* que vai compartilhar com o seu filho. Além disso, você adora se divertir. Você se cuida muito porque gosta de estar magnífica, e o seu filho assimilará isso, frequentemente disputando o banheiro com você.

Você ensina naturalmente o seu filho a se valorizar, a defender os seus valores e ele próprio, a ser autossuficiente e a estimular e desenvolver a criatividade.

Você acabará se entendendo às mil maravilhas com o seu filho aquariano rebelde e brincalhão, embora às vezes não consiga compreender completamente o comportamento extremamente radical ou até mesmo "excêntrico" dele. Você conseguirá entender as ânsias de liberdade dele, de querer experimentar tudo, de se meter em confusões das quais sempre acaba se saindo bem. Você não deixará de protegê-lo, mimá-lo e também de repreendê-lo, e ele acatará as suas ordens fazendo charme e exibindo um grande sorriso...

### Combinação Fogo/Ar:

Vocês se complementam às mil maravilhas, principalmente porque gostam de se mexer e não param quietos. Você passa vitalidade para o seu filho, e ele a enche de energia e, principalmente, de risadas. No entanto podem surgir faíscas no momento em que você tentar impor alguma coisa ao seu filho do elemento Ar ou repreendê-lo de alguma maneira.

## Se você é de Virgem

Você é prática, organizada e metódica, embora, às vezes, muito nervosa e excessivamente preocupada com detalhes, o que o seu filho certamente não entende. No que depender de você, nunca faltará nada ao seu filho, porque você é detalhista e observadora. No entanto você não tolerará um mínimo de desordem ou de sujeira. Você é esforçada, não para quieta um instante e não costuma suportar ver o seu filho parado ou divagando. Em virtude de sua tendência para o perfeccionismo, você pode ser bastante crítica com ele. Entretanto, ao mesmo tempo, você se justifica e se responsabiliza por todos os problemas e sente culpa, porque costuma estar sempre receosa de que possa acontecer algo com ele.

Você ensina naturalmente o seu filho a ser organizado, a prestar atenção aos detalhes, a ter bom senso, a desenvolver o amor pela natureza e a se cuidar de uma maneira saudável.

Pode ser muito difícil para seu filho, que é independente por natureza, acatar as suas ordens ou tolerar bem algumas imposições, mas com afeto e sentido prático você conseguirá muito mais dele do que seria possível com normas e formalismos. Não seja muito crítica, porque ele é uma criança bastante sensível e pode se tornar rebelde; além disso, ele tem uma facilidade natural extrema para nadar contra a corrente.

### Combinação Terra/Ar:

É uma combinação que costuma envolver muito amor e admiração, apesar de certas batalhas de silêncios. A mãe do signo de Terra costuma se surpreender com frequência diante da inteligência e da rapidez de reflexos do seu filho do elemento Ar e constantemente não consegue acompanhar o ritmo dele.

## Se você é de Libra

Você é refinada e cuidadosa, compreensiva, doce, porém firme. Você pode, às vezes, fazer ameaças verbalmente, mas não costuma pôr em prática os castigos, porque é do tipo que sempre oferece uma segunda oportunidade. Você procura compreender e ajudar em tudo o seu filho, porém muitas vezes você acredita ter razão e se torna inflexível. No entanto você não suporta brigas; prefere chegar a um acordo e fazer as pazes ou negociar. Acima de tudo, você procura a harmonia, quer que seu filho esteja bem cuidado, saiba que é amado e tenha uma esplêndida educação. Também é importante para você que o seu filho ande bem arrumado.

Você ensina naturalmente ao seu filho a arte da diplomacia, lhe ensina a desenvolver um forte sentido de justiça, sociabilidade, elegância, amor pelas artes e pelas ciências.

O seu filho é extremamente inteligente e parece ser de outro planeta, de modo que às vezes pode deixar você desconcertada, mas você o ama e admira de maneira intensa e profunda. Você aprecia o toque de genialidade e a necessidade de independência de seu filho, que você concede a ele em doses moderadas. Você deixa que ele faça o que tem vontade, mas só um pouquinho. Você não costuma discutir, e só o faz se o assunto for extremamente importante.

### Combinação Ar/Ar:

Como compartilham o mesmo elemento, certamente gostam das mesmas coisas e têm um ponto de vista idêntico com relação a muitos assuntos, embora o Ar cardeal costume ter um grande senso da sua "própria" justiça. Acima de tudo, vocês gostam de falar e rir em todas as situações.

## Se você é de Escorpião

Você é criativa, comunicativa e muito divertida. No entanto, não permite que discutam as suas regras. Nisso, você é muito rígida e rigorosa, embora seja muito generosa e dedicada ao seu filho. Cuida dele e o protege como ninguém, embora tente ensiná-lo a se defender e enfrentar sozinho os problemas que encontrar.

Você é exigente com os estudos dele e não suporta fraquezas. Percebe na hora quando o seu filho está passando por alguma dificuldade e corre para ajudá-lo. Você lhe ensinará muito bem como enfrentar os problemas. Alterna períodos de tranquilidade com outros de irritabilidade, o que seu filho talvez não entenda.

Você ensina naturalmente o seu filho a desenvolver o poder de convicção, ter domínio das emoções, a seguir as próprias regras e a não deixar que pisem nele.

O seu filho aquariano sempre a surpreenderá por sua genialidade e inteligência, pelo seu caráter expressivo e, sobretudo, por suas loucuras. Ele pede muita liberdade de movimento, algo que você vai ter dificuldade em aceitar e conceder. No entanto, quanto mais você tentar controlá-lo, mais ele fugirá ou expressará sua rebeldia. Mesmo que não demonstre, ele necessita de seu carinho e precisa de doses intensas de afeto.

### Combinação Água/Ar:

A Água e o Ar se amam, mas não conseguem compreender um ao outro. A mãe do signo de Água é muito intuitiva e é capaz de adivinhar o que o seu filho está pensando, mas a criança do signo de Ar escapará das maneiras mais inesperadas. Vocês brincarão de gato e rato, trocando os papéis.

## Se você é de Sagitário

Você é aberta, compreensiva, sincera e íntegra. Talvez um pouco exagerada e distraída, e com tendência a dar muitos conselhos, mas é muito afetuosa e carinhosa. Sempre diz o que pensa, talvez com excessiva franqueza, algo que você deverá controlar para não magoar o seu filho. É muito brincalhona e costuma estar de bom humor, embora às vezes tenha alguns ataques de raiva. Com certeza, você fala mais de dois idiomas e adora viajar, algo que você vai estimular no seu filho, o que conferirá a ele muita liberdade, cultura e um senso ético e moral bastante sólido.

Você ensina naturalmente o seu filho a acreditar nos ideais dele, a formar uma ética e uma moral humanitária, a rir de si mesmo e desfrutar a vida.

Você sabe estimular a genialidade do seu filho aquariano, e vocês têm em comum uma ampla curiosidade por todas as coisas. Você lhe concede o espaço e a liberdade de que ele necessita e não lhe impõe disciplinas duras nem rotinas opressivas que o tornariam uma criança excessivamente séria. No entanto você terá que impor algumas coisas a ele. Você é obstinada na hora de discutir (ou, melhor dizendo, debater). Quando adulto, o seu filho será o seu grande amigo.

### Combinação Fogo/Ar:
Vocês são extremamente compatíveis porque apreciam a ação e o movimento e não gostam de banalidades ou de perder tempo. Você sabe dar ao seu filho do elemento Ar a centelha que lhe falta para que ele coloque em ação as suas ideias, porque às vezes ele se perde em elucubrações.

## Se você é de Capricórnio

Você é exigente com o seu filho, mas também é muito carinhosa; obstinada, porém terna. Parece que não descansa nunca; você se levanta bem cedo e vai dormir tarde, para que nada falte a ele em nenhum momento. Você é um porto seguro para o seu filho, é muito responsável e habitualmente parece preocupada com tudo. Espera muito do seu filho, já que você mesma é bem-sucedida e brilhante, planejadora e muito detalhista. Não costuma tolerar fraquezas e nem a desobediência. Além disso, você tem paciência e astúcia para conseguir o que quer. Você costuma desconfiar muito das companhias do seu filho.

Você ensina naturalmente ao seu filho como se defender e também a arte da paciência, da autodisciplina e, principalmente, que ele precisa unir a obrigação com o bom humor.

O seu brilhante, inteligente e carinhoso filho aquariano precisa do próprio espaço e, embora acate rotinas e regras sem contestar demais, às vezes optará por fugir, apenas para legitimar a necessidade que ele tem de independência. Você o achará insensato, mas evite restringi-lo demais ou impor limites excessivos, porque senão ele se rebelará contra você ou, se não fizer isso, fará o que bem entende sem que você se dê conta.

### Combinação Terra/Ar:

A Terra não é muito compatível com o Ar, mas isso não é um obstáculo para que vocês passem incrivelmente bem juntos, compartilhando quase as mesmas coisas, inclusive as ideias, visto que ambos têm ideias fixas muito semelhantes. No entanto nenhum dos dois costuma ceder, o que poderá gerar pequenos confrontos.

## Se você é de Aquário

Você é amável e brincalhona, carinhosa e amigável, mas, embora pareça muito livre e tolerante, no fundo, você é bastante rígida; sempre quer saber o que se passa na cabeça do seu filho. Ele pode falar a respeito de tudo com você sem reservas, e você sempre está disponível para brincar. Você não é excessivamente protetora nem dominadora, mas está sempre atenta para que não falte nada ao seu filho, sem se estressar. Você é compreensiva e costuma ver o lado bom de todas as coisas, inclusive de uma travessura. Dará ao seu filho valores culturais, éticos, artísticos e, acima de tudo, humanos e humorísticos.

Você passa naturalmente ao seu filho valores como a amizade, a justiça social e a liberdade, desenvolve a criatividade inata dele e o ensina a ser independente.

Você deverá impor certa disciplina ao seu brilhante filho aquariano; caso contrário, ele passará os dias apenas brincando ou falando, ou até mesmo defendendo apaixonadamente um ideal. Vocês não são muito emocionais, mas compartilham lealdade e admiração um pelo outro. Você não o pressiona, e, como o seu filho precisa de liberdade, ele agradece por isso, e você estimula as ideias criativas dele sem obrigações ou imposições.

### Combinação Ar/Ar:

É uma combinação repleta de entendimento e amor, embora a criança do elemento Ar goste de se isolar de vez em quando, algo que a mãe do signo de Ar respeitará às vezes sim, às vezes não. A criança do elemento Ar é pensativa demais, e a sua mãe a ajudará a organizar a mente e as ideias.

## Se você é de Peixes

Você é muito generosa e dedicada ao seu filho, pouco disciplinadora e bastante carinhosa e compreensiva. Você se entrega completamente ao seu filho, mas deixa que ele faça o que tem vontade; você não o monopoliza e nem costuma reprimi-lo. Você tem uma imaginação poderosa e certamente se dedica a uma atividade artística, por isso costuma incentivar a criatividade do seu filho. Você não costuma discutir porque acha isso detestável. No entanto você passa rapidamente da alegria à apatia, o que o seu filho, às vezes, não consegue entender. Você estimulará nele a sensibilidade, o senso crítico e humano e a capacidade de sonhar.

Você ensina naturalmente o seu filho a ser sensível, a usar sem medo a intuição, e estimula a criatividade e os dons artísticos dele.

O seu filho aquariano não pede as grandes demonstrações de afeto que você se esforça em lhe dar, mas, embora se mostre arredio, ele precisa delas como ninguém. Você o conhece instintivamente e lhe concede pequenas doses de liberdade porque sabe que seu filho precisa delas. Você fica impressionada com a genialidade e a inteligência dele e desperta nele os dons criativos que seu filho tem. O caos poderá se instalar porque você não é muito chegada a seguir rotinas e horários.

### Combinação Água/Ar:

A criança do signo de Ar se mostrará muito arisca diante das exigências da mãe e não acatará normas com facilidade. Por sorte, a mãe do signo de Água conseguirá conduzi-lo ao caminho que deseja graças à sua sutileza e ao seu carinho. No entanto o filho do Ar sempre será arredio.

# Como é o seu filho aquariano de acordo com o horóscopo chinês

A astrologia chinesa leva em conta a Lua para elaborar o horóscopo (e não o Sol, como é o caso do horóscopo ocidental). Em vez de dividir o ano entre doze signos, os chineses usam um signo para cada ano. Em outras palavras, cada ano é regido por um animal que influencia fortemente o nosso caráter e o nosso destino. O ano chinês começa na primeira Lua Nova do ano (quando a Lua não aparece no céu).

Além de um animal, cada pessoa tem um elemento que lhe é associado. Os elementos são em número de cinco: Madeira, Fogo, Terra, Metal e Água. O Metal é poderoso e confere firmeza de caráter e força de vontade. A Água é sensível e outorga a desenvoltura da palavra. A Madeira proporciona criatividade e realismo. O Fogo confere dinamismo e impulso. E a Terra proporciona um caráter estável e prático.

## Se o seu aquariano é de Rato...

A criança nascida sob o signo do Rato tem um encanto natural, é esperta, inquieta, muito vivaz, dinâmica, ardilosa e bastante inteligente. Tem inclinação para as artes, a literatura e os esportes. Normalmente é tranquila e alegre, mas se irrita com muita facilidade e fica zangada quando não consegue o que quer, embora, por sorte, os chiliques logo passem.

À medida que você a vir crescer, notará também que ela irá adquirir certa capacidade de liderança e autoridade em um grupo. Na verdade, ela faz amigos com facilidade. Tem o poder de convicção e gosta de desafios; além disso, sabe escapar dos problemas com enorme facilidade.

Ela é comunicativa por natureza, grande oradora, às vezes tem a língua afiada. Costuma conseguir o que deseja graças ao seu dom da palavra. É afetuosa e passional e tem uma grande capacidade de aprendizagem e ânsia de saber. A sua mente é hiperativa.

É uma crítica genial e mordaz, mas tem muitas manias. Essa criança é dominada pela impaciência e é difícil para ela se adaptar ao ritmo lento dos demais por causa de sua grande rapidez nos reflexos físicos e mentais.

- Aspectos positivos: é alegre, amável, vivaz e generosa.
- Aspectos negativos: é fofoqueira e hiperativa.
- Compatibilidade: o Rato é compatível com o Boi, o Dragão e o Macaco, e nem tanto com a Cabra e o Javali.

O seu filho é de Rato se nasceu ou vai nascer nas seguintes datas:

▸ De 19 de fevereiro de 1996 a 6 de fevereiro de 1997: Rato de Fogo.

▸ De 7 de fevereiro de 2008 a 25 de janeiro de 2009: Rato de Terra.

▸ De 24 de janeiro de 2020 a 10 de fevereiro de 2021: Rato de Metal.

## Se o seu aquariano é de Boi...

A criança nascida sob o signo do Boi é sociável, tranquila, dócil, carinhosa e paciente, e também um pouco tímida com pessoas que não conhece bem. No entanto, uma vez que adquire confiança, ela logo fica à vontade, e como!

A sua natureza é despreocupada e, embora seja cumpridora dos seus deveres, no fundo é bastante comodista. Ela ama a boa vida e, apesar do seu caráter aprazível, costuma ter explosões de raiva (ou permanecer firme em sua opinião) quando não gosta de alguma coisa. Acima de tudo, precisa que a deixem tranquila para que possa fazer as coisas do seu jeito sem que a incomodem.

Você ficará surpresa com o seu espírito independente, firme e determinado. Ela gosta de mandar, mas é amável no tratamento às pessoas. Sabe se distrair sozinha e é bastante segura de si mesma. Além disso, é uma criança muito criativa, que aceitará de bom grado ou pedirá jogos de construção, de maquetes ou que envolvam a arte e a música. Enfim, tudo aquilo que possa enriquecer os seus cinco sentidos!

Ela gosta de bater papo, porém não é amiga de discussões ou polêmicas, as quais ouve, mas prefere guardar silêncio em relação a elas. Não tolera bem o estresse ou as mudanças bruscas.

- Aspectos positivos: é amável, confiável e sensata.
- Aspectos negativos: é teimosa e obstinada.
- Compatibilidade: se dá muito bem com o Rato, a Serpente e o Galo, e nem tanto com o Dragão, o Cavalo, a Cabra e o Coelho.

**O seu filho é de Boi se nasceu ou vai nascer nas seguintes datas:**

- De 7 de fevereiro de 1997 a 28 de janeiro de 1998: Boi de Fogo.
- De 26 de janeiro de 2009 a 13 de fevereiro de 2010: Boi de Terra.
- De 11 de fevereiro de 2021 a 31 de janeiro de 2022: Boi de Metal.

## Se o seu aquariano é de Tigre...

A criança nascida sob o signo do Tigre é muito ativa, direta e franca, batalhadora, aventureira, pouco amante da disciplina e da ordem, e não tolera injustiças (na sua concepção particular do bem e do mal). No entanto, por outro lado, é divertida, alegre, carinhosa, brincalhona, curiosa e passional.

Adora os desafios e os jogos de competição, e não gosta de perder. É incansável e precisa de liberdade de ação para explorar ou levar a cabo a ideia seguinte que lhe surja na cabeça (caso contrário, reclamará).

É rebelde e um pouco irritável porque se estressa com facilidade. Quando alguma coisa a contraria, ela se torna muito agressiva e fica na defensiva, sendo capaz de dar chiliques terríveis. Não tolera bem as ordens, mas gosta de dá-las.

Essa criança sabe se fazer respeitar devido ao seu magnetismo e seu ar de nobreza, além de ter uma grande capacidade de fazer amigos. É participativa e comunicativa, embora seja muito direta — ela vai diretamente ao ponto e diz tudo o que pensa. É teimosa, mas nem um pouco rancorosa.

- Aspectos positivos: é valente, leal, inteligente e persistente.
- Aspectos negativos: tende a não respeitar as normas, é orgulhosa.
- Compatibilidade: o Tigre se dá bem com o Cão, o Cavalo e o Javali. Tem algumas dificuldades com a Cabra e o Macaco.

### O seu filho é de Tigre se nasceu ou vai nascer nas seguintes datas:

▷ De 29 de janeiro de 1998 a 15 de fevereiro de 1999: Tigre de Terra.

▷ De 14 de fevereiro de 2010 a 2 de fevereiro de 2011: Tigre de Metal.

▷ De 1º de fevereiro de 2022 a 20 de janeiro de 2023: Tigre de Água.

## Se o seu aquariano é de Coelho...

A criança nascida sob o signo do Coelho é um poço de paz, busca sempre a harmonia (até que, com certeza, explode, e da pior maneira possível). Ela não gosta de surpresas nem de corre-corres, já que a tensão a deixa nervosa e ela pode se distanciar da realidade, submergindo no seu mundo à espera de que as coisas se resolvam sozinhas. É uma criança sociável, com talento artístico, muito fantasiosa. Adora entreter a família e os amigos.

Desde bebê, a criança de Coelho pode chorar muito e ser bastante apegada à mãe. Ela precisa e pede, aos gritos, a estabilidade e um ambiente harmonioso, assim como algumas rotinas. É uma criança extremamente sensível e carinhosa, muito tranquila, feliz e falante. Ao mesmo tempo hábil, sagaz e presunçosa, ela sabe se impor, embora seja de natureza prudente e tenha dificuldade em tomar decisões.

Ela se preocupa muito com as outras pessoas, é compreensiva e muito boa conselheira; sempre estará disposta a ajudar e escutar. Ela é como uma pequena ONG ambulante, muito bondosa, e você precisa ensiná-la a não ser ingênua.

Ela é muito autocrítica e tem dificuldade em aceitar os erros, tanto os próprios quanto os dos outros.

- ASPECTOS POSITIVOS: é divertida, carinhosa, brilhante e confiável.
- ASPECTOS NEGATIVOS: é crítica e rancorosa.
- COMPATIBILIDADE: o Coelho se dá bem com a Cabra, a Serpente e o Javali. Ele tem certa dificuldade para se relacionar com o Rato e o Galo.

**O seu filho é de Coelho se nasceu ou vai nascer nas seguintes datas:**

- De 16 de fevereiro de 1999 a 5 de fevereiro de 2000: Coelho de Terra.
- De 3 de fevereiro de 2011 a 22 de janeiro de 2012: Coelho de Metal.
- De 21 de janeiro de 2023 a 8 de fevereiro de 2024: Coelho de Água.

## Se o seu aquariano é de Dragão...

A criança nascida sob o signo do Dragão é muito vivaz, impetuosa, inteligente e tem uma personalidade forte desde pequena, além de ser muito orgulhosa. Ela possui uma grande capacidade de liderança, bem como dons artísticos. De um modo geral, sabe conseguir o que quer graças às suas grandes habilidades sociais e porque é divertida, criativa e surpreendente.

A sua grande imaginação a leva, às vezes, a querer ficar sozinha para poder sonhar acordada. Não raro, ela dará a impressão de ter vindo de outro planeta. Ela própria costuma se sentir diferente das outras crianças.

Não suporta bem as rotinas, é uma criança escandalosa e inquieta, que poderia muito bem ser o rebelde da escola, embora, devido à sua grande ingenuidade, acabe sempre sendo perdoada, já que nunca age de má-fé. Ela é direta e segue em frente com a verdade, embora queira ter sempre razão. Apesar da sua natureza independente (praticamente desde o berço), ela se adapta a todos os tipos de ambiente e tende a se mostrar exatamente como é.

- Aspectos positivos: é íntegra, enérgica, resistente, leal e protetora.
- Aspectos negativos: adora chamar a atenção de qualquer jeito.
- Compatibilidade: o Dragão se dá bem com a Serpente, o Macaco e o Galo. No entanto, tem dificuldades em se relacionar com o Javali e o Cão.

**O seu filho é de Dragão se nasceu ou vai nascer nas seguintes datas:**

- De 6 de fevereiro de 2000 a 24 de janeiro de 2001: Dragão de Metal.
- De 23 de janeiro de 2012 a 9 de fevereiro de 2013: Dragão de Água.
- De 9 de fevereiro de 2024 a 28 de janeiro de 2025: Dragão de Madeira.

## Se o seu aquariano é de Serpente...

A criança nascida sob o signo da Serpente é sensível, sedutora, intuitiva, muito vivaz e parece ter uma sabedoria inata. De fato, ela sempre pergunta os porquês de tudo e adora investigar e analisar todas as coisas, com bastante empenho. A sua curiosidade não tem limites, e ela possui um humor mordaz. Com poucas palavras, ela diz tudo.

Ela quer fazer as coisas do jeito dela, e por isso costuma escolher cuidadosamente os amigos. Só se cercará daqueles que realmente valham a pena. É um pouco desconfiada, porém muito astuciosa, tendo uma espécie de sexto sentido bastante desenvolvido.

Ela parece tranquila por fora, mas é muito agitada por dentro. Não gosta de sobressaltos, embora se adapte às mudanças, depois do faniquito habitual. É amante da ordem e exigente.

É um pouco rancorosa e pode ter um ataque de raiva com a pessoa que lhe cause um mínimo transtorno. Se não gosta de alguma coisa, não se deixará convencer de jeito nenhum, e se você insistir, ela explodirá violentamente. Ela tem muita força de vontade com relação àquilo que deseja.

- Aspectos positivos: é esperta e tem ideias claras, é autoconfiante e persistente.
- Aspectos negativos: não suporta falhar, é ciumenta.
- Compatibilidade: a Serpente se dá às mil maravilhas com o Coelho, o Galo e o Dragão. Não chega a se entender bem com o Cão e o Tigre.

**O seu filho é de Serpente se nasceu ou vai nascer nas seguintes datas:**

- De 25 de janeiro de 2001 a 11 de fevereiro de 2002: Serpente de Metal.
- De 10 de fevereiro de 2013 a 20 de janeiro de 2014: Serpente de Água.
- De 29 de janeiro de 2025 a 16 de fevereiro de 2026: Serpente de Madeira.

## Se o seu aquariano é de Cavalo...

A criança nascida sob o signo do Cavalo é muito tagarela desde bebê. É aberta, brincalhona, e precisa ter um grupo de amigos e permanecer ativa o tempo todo.

Ela é sincera, independente e espontânea, sabe se impor e costuma alcançar todos os seus propósitos, embora se distraia com facilidade. Quando algo a contraria, ela tem uns chiliques espetaculares. Quando perde a cabeça, ela se transforma em uma pessoa com pouca tendência a refletir; se mostra impetuosa e faz de tudo para conseguir o que deseja, embora sem nenhuma má intenção.

Ela luta pelo que quer e combate o que considera injusto, de modo que batalhas de todos os tipos estão garantidas. Ela adora estar envolvida em qualquer assunto e também gosta de oferecer a sua colaboração e atuar como mediadora em discussões alheias.

Além disso, ela gosta de se fazer notar, e o seu caráter agradável e a sua grande simpatia a tornam bastante popular. A sua facilidade com as palavras é extraordinária, mas não tem a mesma facilidade com relação à capacidade de escutar, pois costuma perder a paciência.

- Aspectos positivos: é popular, alegre, inventiva, tem reflexos rápidos.
- Aspectos negativos: é impetuosa e impaciente.
- Compatibilidade: o Cavalo se dá bem com o Tigre, a Cabra e o Cão. No entanto, tem menos afinidade com o Javali e o Boi.

**O seu filho é de Cavalo se nasceu ou vai nascer nas seguintes datas:**

- De 27 de janeiro de 1990 a 14 de fevereiro de 1991: Cavalo de Metal.
- De 12 de fevereiro de 2002 a 31 de janeiro de 2003: Cavalo de Água.
- De 31 de janeiro de 2014 a 18 de fevereiro de 2015: Cavalo de Madeira.

## Se o seu aquariano é de Cabra...

A criança nascida sob o signo da Cabra é tranquila, tolerante, carinhosa, criativa e tem certo ar fantasioso, graças à sua grande imaginação. Na realidade, ela possui um talento artístico extraordinário, bem como uma grande vontade de ajudar e ser útil. É uma criança hipersensível, que chora e se queixa por qualquer coisa, certamente preocupada com assuntos que não têm a menor importância para você.

Ela tem certo ar independente, não lhe incomoda ficar sozinha porque sabe se entreter perfeitamente. Não tolera bem os tumultos nem a pressão, e, sendo este o caso, ela sempre foge ou arma um circo. Ela pode ter dificuldade para se expressar e talvez exploda no momento menos esperado por ter aguentado demais.

Tem uma grande capacidade de compreensão, e por esse motivo costuma estar rodeada de muitos amigos, apesar de ser normalmente tímida a princípio. Ela precisa de contínuas demonstrações de carinho, porque só assim consegue se abrir. Não tolera bem as rotinas, a pressão ou as críticas, e também não gosta de conflitos; prefere a resistência passiva e os silêncios inquietantes.

- Aspectos positivos: é generosa, amável e discreta.
- Aspectos negativos: é mandona e indecisa.
- Compatibilidade: a Cabra costuma se relacionar bem com o Coelho, o Cavalo e o Javali, mas tem dificuldade para se entender com o Rato, o Boi e o Cão.

**O seu filho é de Cabra se nasceu ou vai nascer nas seguintes datas:**

▸ De 15 de fevereiro de 1991 a 3 de fevereiro de 1992: Cabra de Metal.

▸ De 1º de fevereiro de 2003 a 20 de janeiro de 2004: Cabra de Água.

▸ De 19 de fevereiro de 2015 a 7 de janeiro de 2016: Cabra de Madeira.

## Se o seu aquariano é de Macaco...

A criança nascida sob o signo do Macaco é sociável, compreensiva, curiosa, ágil, criativa e sabe conseguir o que deseja. É uma grande pensadora, amante da boa vida, independente, tem muita imaginação e um eterno senso de humor.

Tem facilidade para convencer as outras pessoas e também para resolver problemas graças ao seu talento e à sua habilidade para captar detalhes que os outros não percebem.

Sempre estenderá a mão a todos os que lhe parecerem precisar de ajuda, embora possa se meter onde não é chamada. Com frequência, não consegue parar quieta, e a curiosidade pode lhe causar vários inconvenientes. Ela capta e processa informações com extrema velocidade.

O seu ar inquieto, encantador e divertido faz com que ela conquiste as pessoas e as atraia para o seu terreno. É muito insolente e brincalhona; adapta-se sem dificuldade a qualquer ambiente; é camaleônica e um pouco atriz. Adora pregar peças e fazer travessuras, e quanto mais você a repreende, mais traquinices ela inventa.

- Aspectos positivos: tem reflexos rápidos, é divertida, criativa, tem grande capacidade de memória.
- Aspectos negativos: tende a fazer fofocas, sofre de falta de concentração.
- Compatibilidade: o Macaco se dá bem com o Boi, o Coelho e a Serpente. Tem problemas de comunicação com o Tigre e o Galo.

**O seu filho é de Macaco se nasceu ou vai nascer nas seguintes datas:**

- De 4 de fevereiro de 1992 a 22 de janeiro de 1993: Macaco de Água.
- De 21 de janeiro de 2004 a 7 de fevereiro de 2005: Macaco de Madeira.
- De 8 de fevereiro de 2016 a 27 de janeiro de 2017: Macaco de Fogo.

## Se o seu aquariano é de Galo...

A criança nascida sob o signo do Galo tem um encanto natural, um excelente senso de humor, é comunicativa, alegre e muito expressiva. Ela gosta de ser vista. É um tanto orgulhosa e tem dificuldade em ceder, mas é fácil lidar com ela. Ela adora compartilhar tudo e sabe conquistar a simpatia das pessoas, embora às vezes se comporte de uma maneira brusca com quem não concorda com as suas ideias.

É tranquila, sensata, alerta e curiosa, embora também seja muito sonhadora. Acima de tudo, ela ama a boa vida, mas ao mesmo é muito esforçada. Adora aprender coisas novas, mas, se estas não atraem o seu interesse, ela fica extremamente entediada ou se rebela diante delas. Ela pode se dispersar ou falar demais, ser muito direta e perder a diplomacia.

Ela interage com facilidade com as outras crianças e é muito complacente com todo mundo em geral porque é amável, sincera e escrupulosa. Tem grande capacidade de concentração e às vezes parece que analisa as pessoas através de raios X.

Não gosta de encrencas e prefere seguir as normas. Sabe analisar e resolver todo tipo de problema graças ao seu espírito prático e lógico.

- Aspectos positivos: é atenta, tem ideias profundas e comunica-se bem.
- Aspectos negativos: é desconfiada e egoísta.
- Compatibilidade: o Galo se relaciona bem com o Tigre, o Dragão e a Cabra. No entanto, não se dá tão bem com a Serpente, o Coelho e o Cão.

**O seu filho é de Galo se nasceu ou vai nascer nas seguintes datas:**

- De 23 de janeiro de 1993 a 9 de fevereiro de 1994: Galo de Água.
- De 8 de fevereiro de 2005 a 28 de janeiro de 2006: Galo de Madeira.
- De 28 de janeiro de 2017 a 14 de fevereiro de 2018: Galo de Fogo.

## Se o seu aquariano é de Cão...

A criança nascida sob o signo do Cão é muito sociável, intuitiva, inquieta, vaidosa, sabe dialogar e se mostrar coerente desde bem pequena. Sabe saltar em defesa de situações que considera injustas. Gosta que todo mundo se sinta bem e adora fazer brincadeiras.

Gosta de agradar os outros e entretê-los. Mesmo assim, o seu caráter não é fácil. É despreocupada, porém muito teimosa; quando coloca uma coisa na cabeça, faz o impossível (e inimaginável) para conseguir o que quer. Costuma ter acessos de raiva muito fortes por causa da sua teimosia, mas é uma criança que escuta a razão e a lógica.

Ela é muito instintiva e é uma boa organizadora. Tem o espírito altruísta e generoso, está sempre disposta a estender a mão para defender os amigos, os quais são muito importantes para ela. É confiável e sabe o que quer, embora às vezes se preocupe com assuntos sem importância. Não sabe mentir e tampouco faz uso de rodeios.

É muito criativa e consegue se entreter horas a fio, sabendo inclusive inventar as próprias brincadeiras.

- **Aspectos positivos:** é leal, aprende com rapidez e tem muita iniciativa.
- **Aspectos negativos:** é intransigente e obstinada.
- **Compatibilidade:** o Cão se dá bem com o Cavalo, o Boi e o Macaco. Entretanto, não consegue se relacionar bem com o Dragão e a Cabra.

**O seu filho é de Cão se nasceu ou vai nascer nas seguintes datas:**

- De 10 de fevereiro de 1994 a 30 de janeiro de 1995: Cão de Madeira.
- De 29 de janeiro de 2006 a 16 de fevereiro de 2007: Cão de Fogo.
- De 15 de fevereiro de 2018 a 3 de janeiro de 2019: Cão de Terra.

## Se o seu aquariano é de Javali...

A criança nascida sob o signo do Javali é sincera e bondosa e tem muito senso de humor. Ela pega as coisas no ar, embora você tenha a impressão, em um primeiro momento, de estar falando com uma parede. Ela precisa brincar o tempo todo, é caseira e não gosta muito de multidões.

Ela não tem dificuldade para se socializar; é apenas um pouco tímida no início, mas se dá bem com todo mundo e sempre estende a mão à primeira pessoa triste que encontra. Por isso mesmo, por ela confiar muito nas pessoas, é preciso ensinar-lhe que nem todo mundo tem boas intenções.

É apaixonada por música e boa comida. Pode comer sem parar, portanto é preciso impor alguns limites quanto a isso.

Ela é bastante indecisa e ingênua, mas avança sempre com a verdade. Tem dificuldade para mudar e reflete demais sobre as coisas, com frequência perdendo oportunidades. É respeitosa e pacífica, não gosta de brigas e tende a evitar as confrontações. Não tolera bem as discussões e sempre procura fazer com que todo mundo se reconcilie. Além do mais, ela sabe como conseguir isso. Na verdade, ela sempre costuma conseguir o que quer.

- **ASPECTOS POSITIVOS:** é inteligente, sincera, corajosa, popular e amável.
- **ASPECTOS NEGATIVOS:** é desligada e obstinada.
- **COMPATIBILIDADE:** o Javali se dá bem com a Cabra, o Coelho e o Cão. Tem pouca afinidade com a Serpente e o Rato.

**O seu filho é de Javali se nasceu ou vai nascer nas seguintes datas:**

- De 31 de janeiro de 1995 a 18 de fevereiro de 1996: Javali de Madeira.
- De 17 de fevereiro de 2007 a 6 de fevereiro de 2008: Javali de Fogo.
- De 4 de janeiro de 2019 a 23 de janeiro de 2020: Javali de Terra.

Impressão e Acabamento:
Vallilo Gráfica e Editora
graficavallilo.com.br | 11 3208-5284